Ernst Probst

Ava Gardner - Die "Königin von Hollywood"

GRIN Verlag

Bibliografische Information der Deutschen Nationalbibliothek:

Die Deutsche Bibliothek verzeichnet diese Publikation in der Deutschen National-
bibliografie; detaillierte bibliografische Daten sind im Internet über http://dnb.d-
nb.de/ abrufbar.

Impressum:

Copyright © 2012 GRIN Verlag, Open Publishing GmbH
Druck und Bindung: Books on Demand GmbH, Norderstedt Germany
ISBN: 978-3-656-16239-1

Dieses Buch bei GRIN:

http://www.grin.com/de/e-book/191338/ava-gardner-die-koenigin-von-hollywood

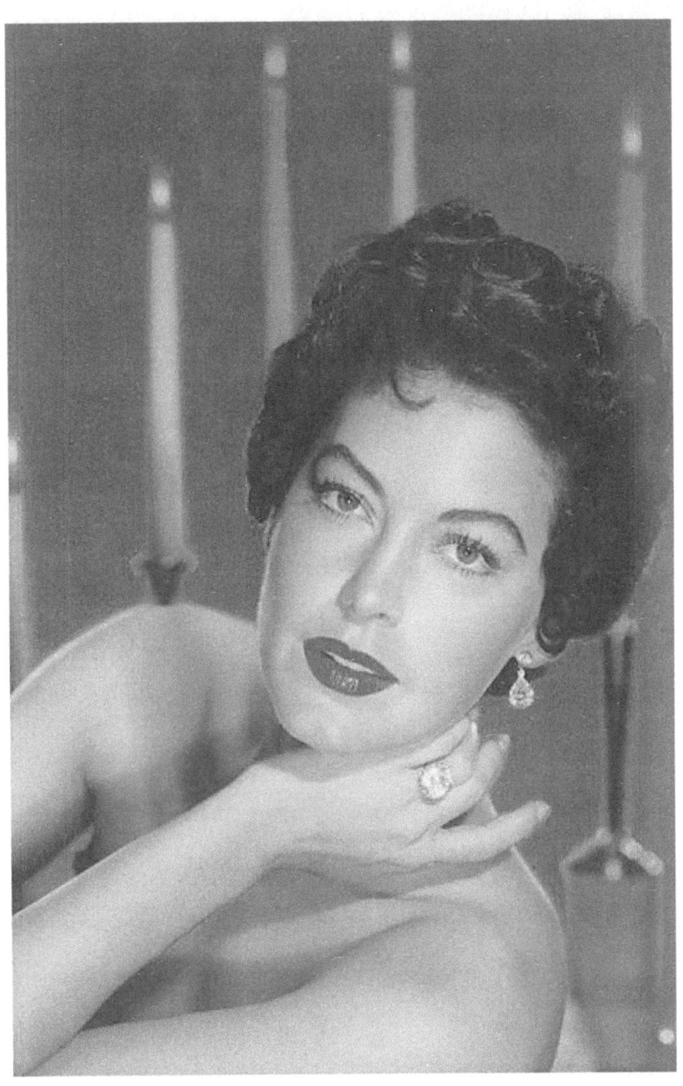

Ava Gardner (1922–1990)

Ernst Probst

Ava Gardner

Die „Königin
von Hollywood"

Beate Werner,
Bernd Werner,
Marianne Werner,
Otto Werner,
Sonja Werner,
Dr. Jochen Werner,
Christine Werner und
Steffen Werner
gewidmet

Ava Gardner

Die „Königin von Hollywood"

Mit den Attributen „Venus des 20. Jahrhunderts", „schönste Frau der Welt" und „Königin von Hollywood" feierte man in den 1940-er und 1950-er Jahren die amerikanische Schauspielerin Ava Gardner (1922–1990). In den meisten ihrer Filme trat sie als Sexgöttin auf, besaß jedoch – wie einige ihrer Streifen bewiesen – auch Talent für anspruchsvollere Rollen. Ihre unglücklichen Ehen, Liebesaffären und exzentrischen Ausschweifungen erregten fast noch mehr Aufsehen als ihre künstlerische Arbeit.

Ava Lavinia Gardner kam an Heiligabend, 24. Dezember 1922, als jüngstes der sieben Kinder von Jonas Bailey Gardner und seiner Ehefrau Mary Elizabeth Gardner, geborene Baker, im Tabakfarmerdorf Grabtown nahe Smithfield (North Carlolina) zur Welt. Die Eltern hatten 1902 geheiratet. Ihr Vater war ein römisch-katholischer Ire, nahm seinen Glauben aber nicht so wichtig wie seine Ehefrau und lächelte angeblich selten. Ihre Mutter, genannt „Molly", hatte schottische Vorfahren, war eine strenggläubige Baptistin und setzte durch, dass ihre Kinder nach ihrer Religion erzogen wurden. Das einzige Buch, das die Familie Gardner besaß, war die Bibel.

Die Eltern von Ava betrieben ein Kolonialwarengeschäft sowie eine gepachtete kleine Tabak- und Baumwollfarm. Vor Ava waren zwei Söhne und vier Töchter geboren worden. Der älteste Sohn kam 1920 im Kindesalter bei einem tragischen Unfall mit Dynamit ums Leben. Dynamit wurde damals zum Entfernen von Felsen und Baumstümpfen auf der Farm verwendet. Die Familie von Ava lebte in ärmlichen Verhältnissen, führte aber bis zur großen Wirtschaftskrise ein glückliches Leben.

Der Vater verlor die gepachtete Farm, als Ava noch klein war. Danach betätigte er sich als Arbeiter in einem Sägewerk, verdiente aber nicht so viel, dass er seine große Familie allein ernähren konnte. Die Mutter trug als Köchin und Dienstmädchen sowie als Hausmei-sterin an einer Schule zum Lebensunterhalt bei.

Als Ava 13 Jahre alt war, zog ihre Familie nach New Port (Virginia) um. Weil der Vater und die Mutter auch dort keine besser bezahlten Jobs fanden, verbesserte sich die fianzielle Lage der Familie Gardner nicht. Während ihrer Teenagerzeit wurde Ava von ihrer Mutter nicht aufgeklärt.

Äußerst unangenehm empfand Ava ihre Taufe in New Port. Diese erfolgte während ihrer Pubertät vor den Augen vieler Gläubiger in einem betonierten Wasserbecken hinter der Kanzel der Kirche. Nachdem Ava unter Wasser getaucht wurde und wieder hochkam, offenbarte der Stoff ihres Kleides deutlich ihren Körper. Es erschien ihr so, als ob tausend geschockte Augen sie anstarrten. Deswegen fühlte sie sich gedemütigt, schämte sich furchtbar und hasste die Religion dafür, auf diese Weise präsentiert zu werden.

Ein weiterer Umzug erfolgte nach Rock Ridge, eine Vorstadt von Wilson (North Carolina). Durch den Tod des Vaters im Jahre 1938 wurde die Lage der Familie Gardner nicht besser. Ava schloss in Rock Ridge die Schule ab. Mit finanzieller Unterstützung ihres Bruders Jack besuchte sie ab Sommer 1940 ein Jahr lang das „Atlantic Christian College" in Wilson, um sich zur Sekretärin ausbilden zu lasssen.

Im Alter von 17 Jahren bekam Ava Gardner nach einem Tanz mit einem Jungen, den sie sehr mochte, in der Silvesternacht gegen etwa ein Uhr morgens einen sanften Kuss, den sie erwiderte. Dabei standen beide im Licht der Veranda jenes Hauses, in dem die Mutter wohnte. Nach gefühlten zwei Sekunden stürzte Avas Mutter wie ein Stier aus der Haustür auf die Küssenden zu. Sie jagte den jungen Mann zu seinem Auto, rannte dann zu Ava zurück und schrie diese an, es sei eine Schande, wie könne sie nur so etwas tun.

Nach der Ausbildung am „Atlantic Christian College" in Wilson zog Ava Gardner zu einer ihrer Schwestern nach New York City. Eigentlich wollte Ava zunächst Sekretärin werden. Dazu kam es aber nicht, weil ihr Schwager Larry Tart, der als Porträtfotograf arbeitete, einige Aufnahmen von der dunkelhaarigen und

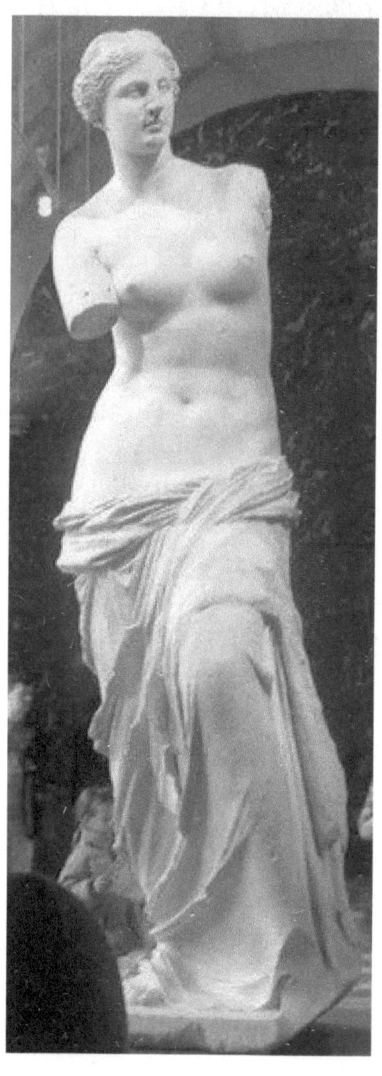

*Antike „Venus von Milo",
eines der bekanntesten Werke
der hellenistischen Kunst.
Original im Louvre in Paris*

langbeinigen Schönheit machte, die er einem Holly-wood-Produzenten vorlegte. 1941 unterschrieb Ava einen Vertrag beim Filmstudio „Metro-Goldwyn-Mayer" („MGM").

In vielen ihrer frühen noch mehr oder weniger unbedeutenden Streifen, in denen Ava Gardner zu sehen war, wurde diese noch nicht im Abspann erwähnt. Angefangen von „Fancy Answers" (1941) bis zu „Blonde Fever" (1944). Im Alter von 20 Jahren trauerte Ava um ihre Mutter, die 1943 nach langem Kampf gegen Brustkrebs starb.

Erste Erfolge feierte Ava Gardner als verführerische Femme fatale in „The Killers" („Rächer der Unterwelt", 1946) nach einem Roman des amerikanischen Schriftstellers Ernest Hemingway (1899–1961) und in „One touch of Venus" („Venus macht Seitensprünge", 1948).

In „Rächer der Unterwelt" spielte Ava Gardner die Rolle als Kitty Collins, einer Filmfreundin von Burt Lancaster (1913–1994). Dieser Streifen erwies sich als wahrer Kassenknüller. Er gilt als einer der besten US-Filme der so genannten „Schwarzen Serie".

Für „Venus macht Seitensprünge" wählte man die 1,68 Meter große Ava Gardner als „ideale Venus" aus. Ihre Körpermaße kamen – laut dem Nachrichten-Magazin „Der Spiegel" – dem klassischen Vorbild am nächsten. Bis auf den größeren Brustumfang war die moderne Venus schlanker als die berühmte antike „Venus von

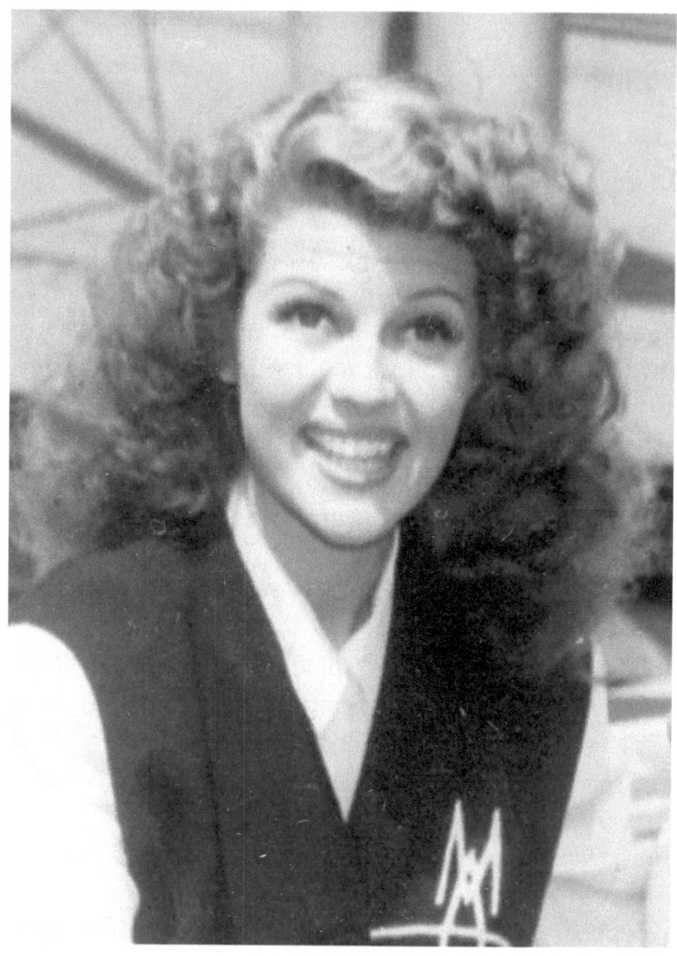

Rita Hayworth (1918–1987)

Milo". Vergleichszahlen zwischen der antiken und der modernen Venus: Hals: 35–32, Brust: 87–91, Taille: 71–61, Hüften: 90–87, Oberschenkel: 51–47,5, Waden: 36,5–33, Fesseln: 21,5–18,5 Zentimeter.

Ende der 1940-er Jahre machte die „gefeierte Liebesgöttin „Ava Gardner" der vier Jahre älteren Rita Hayworth (1918–1987) ihren Ruhm als Hollywood-Diva streitig. Dies gelang ihr neben dem erwähnten Streifen „Venus macht Seitensprünge" in den Filmen „The Great Sinner" („Der Spieler", 1949) oder „The Bribe" („Geheimakte Carlotta", 1949)

Bereits in den 1950-er Jahren galt Ava Gardner als eine der „Königinnen von Hollywood". Damals wirkte sie unter anderem mit in „Show Boat" („Mississippi-Melodie", 1951), „Pandora and the Flying Dutchman" („Pandora und der fliegende Holländer", 1951), „The Snows of Kilimanjaro" („Schnee am Kilimandscharo", 1952), „Mogambo" (1953), „The Barefoot Contessa" („Die barfüßige Gräfin", 1954), „Bhowani Junction" („Knotenpunkt Bhowani", 1956), „The Sun Also Rises" („Zwischen Paris und Madrid", 1957) nach Hemingways „Fiesta" und „Das letzte Ufer" (1959).

In dem rührenden Musikfilm „Mississippi-Melodie" verkörperte Ava Gardner eine mulattische Sängerin, die sich mit einem Weißen einließ und deswegen das „Show Boat" verlassen musste. In „Schnee am Kilimandscharo" drehte sie zusammen mit Gregory Peck (1916–2003). Für „Mogambo" an der Seite von Clark Gable

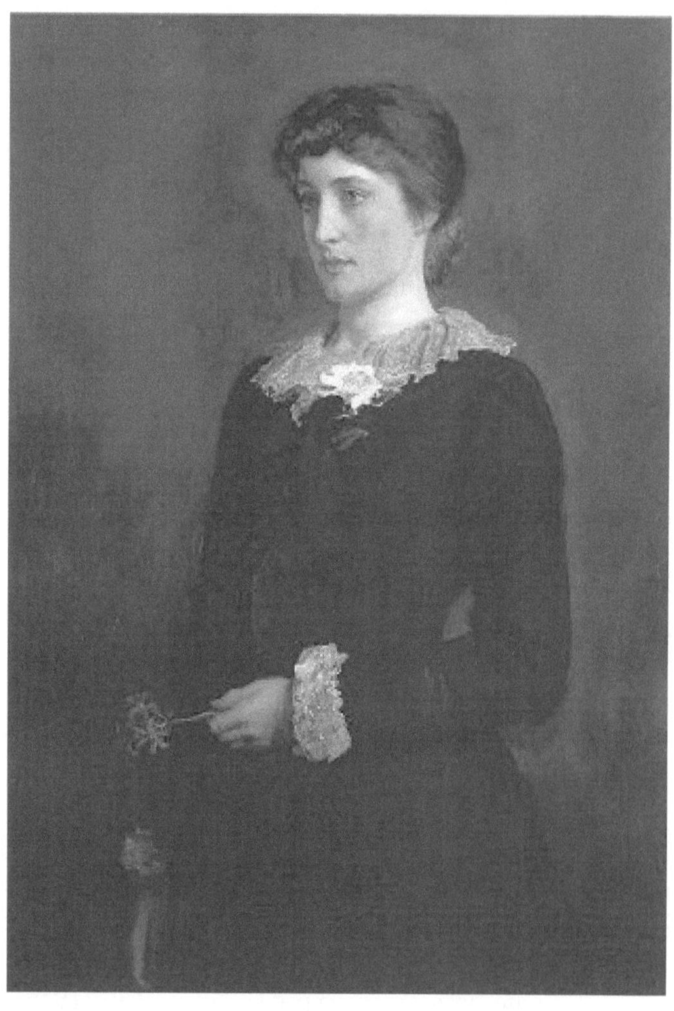

Lilli Langtry (1852–1929)

(1901–1960) wurde sie 1953 als beste Hauptdarstellerin für den „Oscar" nominiert. In „Die barfüßige Gräfin" brillierte sie neben Humphrey Bogart (18995–1957) in der Titelrolle als selbstzerstörerischer Hollywood-Star Maria Vargas.

Später folgten „55 Days at Peking" („55 Tage Peking", 1962), „Seven Days in May" („Sieben Tage im Mai", 1963), „The Night of the Iguana" („Die Nacht des Leguan", 1965), „The Bible" („Die Bibel", 1965), „Mayerling" (1968), „The Life and Times of Judge Roy Bean" („Das war Roy Bean", 1972), „Earthquake" („Erdbeben", 1974), „Permission to Kill" („Vollmacht zum Mord", 1975), „The Casandra Crossing" („Treffpunkt Todesbrücke", 1976), „A Priest in Love" (1980) und „Regina Roma" („Regina", 1986).

In „55 Tage Peking" über den Boxeraufstand im Juni 1900 in Peking glänzte Ava Gardner als Filmpartner von Charlton Heston (1923–2008). Ihre Rolle als Hotelbesitzerin Maxine Faulk an der Seite von Richard Burton (1925–1984) in „Die Nacht des Leguan" nach dem Roman des amerikanischen Dramatikers Tennessee Williams (1911–1983) brachte ihr auf dem Festival von San Sebastián (Spanien) den Preis für die beste Darstellerin ein. In „Die Bibel" spielte sie die Rolle der Sarah und in „Mayerling" die österreichische Kaiserin Elisabeth („Sissi"). In „Das war Roy Bean" verkörperte sie die britische Schauspielerin Lilli Langtry (1852–1929), nach welcher der Westernheld Roy Bean (1825–1903)

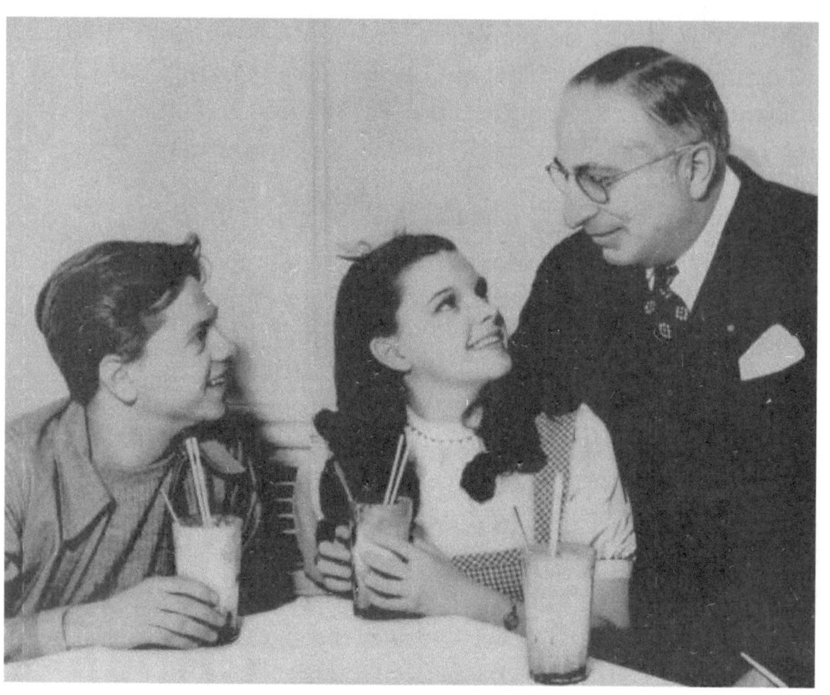

Mickey Rooney (links),
der erste Ehemann von Ava Gardner,
neben Judy Garland (Mitte)
und „MGM“-Studiochef
Louis B. Mayer (rechts)

seine in den 1880-er Jahren gegründete Stadt als Langtry bezeichnete.

Während der 1980-er Jahre trat Ava Gardner auch im Fernsehen auf. Man sah sie in den Serien „Falcon Crest" und „Knots Landing" sowie in den TV-Filmen „Harem" und „Maggie".

Auf der Kinoleinwand mimte Ava Gardner oft starke und verführerische Frauen mit großer erotischer Ausstrahlung. In ihrem Privatleben schien für die „schönste Frau der Welt", „Venus des 20. Jahrhunderts", „Königin von Hollywood" oder den „Schneeglöckchen-Engel", wie sie von Kritikern genannt wurde, aber nicht immer nur die Sonne.

Am 10. Januar 1942 schloss Ava Gardner im Alter von 19 Jahren mit dem amerikanischen Schauspieler Mickey Rooney (eigentlich Joe Yule junior) ihre erste Ehe. Die standesamtliche Trauung erfolgte in Santa Barbara, die kirchliche in Ballard. Ihr Bräutigam war damals 21 Jahre alt und stand wie sie bei „MGM" unter Vertrag. Sie hatte ihn kurz nach ihrer Ankunft in Los Angeles (Kalifornien) kennengelernt und ging als Jungfrau in die Hochzeitsnacht. Die erste Ehe mit Mickey, der Alkohol, Wetten und Mädchen liebte, hielt nur 16 Monate und endete bereits im Mai 1943.

Nach der Scheidung von Mickey Rooney sah man Ava Gardner oft an der Seite des Filmproduzenten und Luftfahrtpioniers Howard Hughes (1905–1976) in der Öffentlichkeit. Deswegen spekulierte man über eine

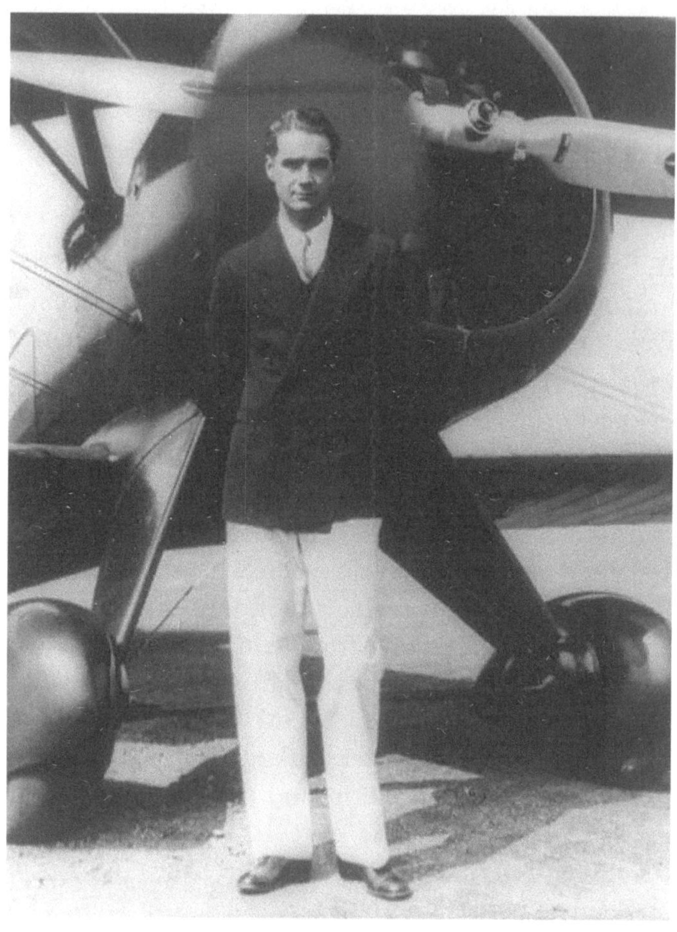

Howard Hughes (1905–1976),
einer der Freunde von Ava Gardner

Beziehung zwischen beiden. Ava erklärte später hierzu, Hughes habe sie zwar oft eingeladen und ihr großzügige Geschenke gemacht, aber sie habe eine ernsthaftere und sexuelle Beziehung mit ihm abgelehnt. Mit Hughes hatte die Gardner schreckliche Auseinandersetzungen. Beispielweise schenkte er ihr einen neuen Cadillac, nahm diesen aber zurück, wenn sie eine Verabredung mit ihm nicht eingehalten hatte. Howard ließ Ava zeitweise Tag und Nacht durch mormonische Bodyguards beobachten. Ungeachtet dessen hatte diese um 1945 eine Affäre mit dem jüdischen Schriftsteller Philip Yordan (1914–2003), der sich später erfolgreich als Drehbuchautor und Filmproduzent betätigte.

Am 17. Oktober 1945 heiratete Ava Gardner den zwölf Jahre älteren Jazzklarinettisten, Bandleader und Komponisten Artie Shaw (1910–2004). Die zweite Ehe dauerte nur zwölf Monate bis zum 25. Oktober 1946. Ein weiterer Liebhaber von Ava Gardner war der gutaussehende Schauspieler Howard Duff (1913–1990). Als sie von ihm schwanger wurde, ließ sie 1948 von einem Arzt in Beverly Hills eine Abtreibung vornehmen. Nach diesem Eingriff, bei dem der Fötus nicht vollständig entfernt wurde, war das Nachspiel entsetzlich und Ava traumatisiert.

Am 7. November 1951 folgte die dritte und letzte Ehe von Ada Gardner mit dem Sänger und Schauspieler Frank Sinatra (1915–1998). Er war die große Liebe ihres Lebens, schrieb sie später in ihrer Autobiografie. Sinatra

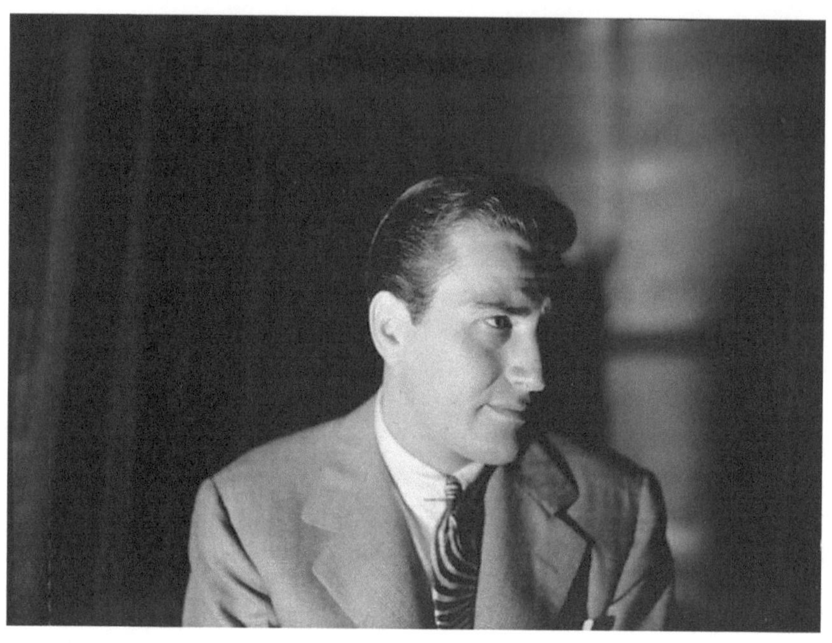

Artie Shaw (1910–2004),
der zweite Ehemann von Ava Gardner

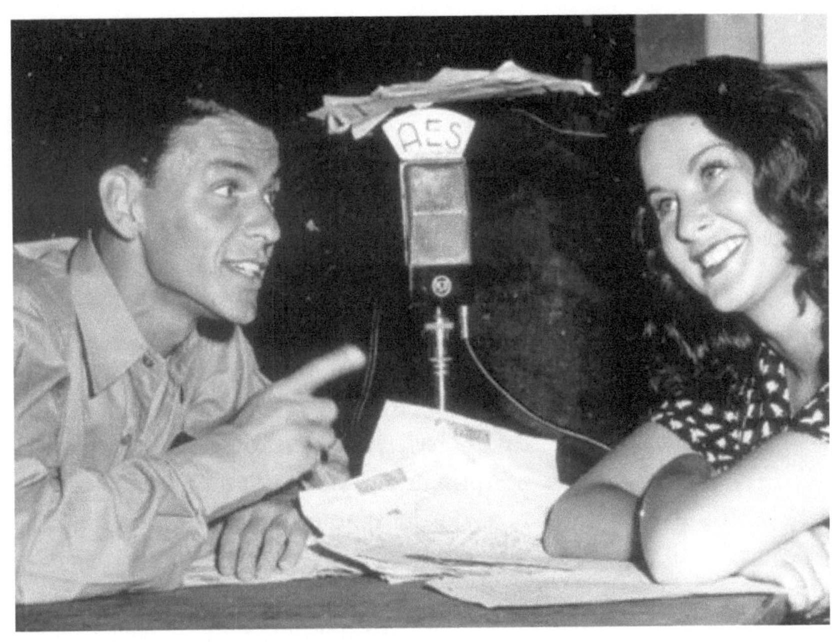

Frank Sinatra (1915–1998),
der dritte Ehemann von Ava Gardner

hatte wegen Ava seine Ehefrau Nancy Barbato und seine drei Kinder Nancy, Frank junior und Tina verlassen. Die praktizierende Katholikin Nancy Barbato wollte nicht in die Scheidung einwilligen, betete täglich für Frank in der Kirche und hoffte, dass er eines Tages zu ihr zurückkehren würde. Presse, Hollywood und Kirche kritisierten Sinatra heftig und seine Karriere litt darunter. Während der Ehe mit Sinatra wurde Ava zweimal schwanger, ließ aber wegen ihrer Filmkarriere in beiden Fällen eine Abtreibung vornehmen.

Ab 1955 lebten Frank Sinatra und Ava Gardner getrennt. Ava kehrte damals Hollywood den Rücken und zog nach Europa, das sie immer mehr bewunderte. Zunächst lebte sie in der Highsociety der spanischen Hauptstadt Madrid. Anfang Juli 1957 endete die dritte Ehe der Gardner mit Sinatra durch die Scheidung.

In Spanien lernte Ava Gardner den Schriftsteller Ernest Hemingway kennen, der ein guter Freund für sie wurde. Durch den Einfluss von Hemingway interessierte sie sich für Stierkämpfe. Sie begegnete den Torreros Luis Miguel Dominguin (1926–1996) und Mario Cabre und hatte Affären mit ihnen.

1968 zog Ava Gardner nach London. In der britischen Hauptstadt lebte sie zurückgezogen in ihrem Appartement in Nähe des Hyde Parks. Damals nahm sie gelegentlich interessante Filmrollen an.

Während der 1970-er Jahre fiel Ava Gardner durch Alkoholexzesse negativ in der Öffentlichkeit auf. Dass sie gern rauchte trank, verriet ihr Ausspruch, sie wolle mit einer Zigarette in der rechten und mit einem Drink in der linken Hand sterben.

Im November 1986 erlitt Ava Gardner als 63-Jährige einen Schlaganfall. Die letzten Lebensjahre hielt sie sich im Londoner Stadtteil Kensington auf. Am 25. Januar 1990 erlag sie nach mehreren Schlaganfällen im Alter von 67 Jahren im Londoner Stadtteil Westminster den Folgen einer Lungenentzündung. Auf dem „Sunset Memorial Park" in Smithfield (North Carolina) fand sie ihre letzte Ruhe. Ihre Memoiren unter dem Titel „Ava" (1990) sind erst nach ihrem Tod erschienen. In ihrem Heimatlandkreis Johnston County erinnert das „Ava Gardner Museum" in Smithfield an sie.

Filme von Ava Gardner

(Auswahl)

1941: Fancy Answers (nicht im Abspann erwähnt)
1941: Strange Testament (nicht im Abspann erwähnt)
1941: Shadow of the Thin Man (Der Schatten des dünnen Mannes, nicht im Abspann erwähnt)
1941: H. M. Pulham, Esq. (nicht im Abspann erwähnt)
1942: We Do It Because (nicht im Abspann erwähnt)
1942: Joe Smith, American (nicht im Abspann erwähnt)
1942: This Time für Keeps (nicht im Abspann erwähnt)
1942: Der Gentleman-Killer (Kid Glove Killer, nicht im Abspann erwähnt)
1942: Sunday Punch (nicht im Abspann erwähnt)
1942: Calling Dr. Gillespie (nicht im Abspann erwähnt)
1942: Mighty Lak a Goat
1942: Reunion in France (nicht im Abspann erwähnt)
1943: Du Barry Was a Lady (nicht im Abspann erwähnt)

1943: Hitler's Madman (nicht im Abspann erwähnt)
1943: Ghosts on the Loose
1943: Young Ideas (nicht im Abspann erwähnt)
1943: Swing Fever (nicht im Abspann erwähnt)
1943: Der kleine Engel (Lost Angel, nicht im Abspann erwähnt)
1944: Mein Schatz ist ein Matrose (Two Girls and a Saiilor, nicht im Abspann erwähnt)
1944: 3 Men in White
1944: Maisie Goes to Reno
1944: Blonde Fever (nicht im Abspann erwähnt)
1945: She Went to the Races
1946: Whistle Stop
1946: Rächer der Unterwelt (The Killers)
1947: Der Windhund und die Lady (The Hucksters)
1947: Singapur (Singapore)
1947: Venus macht Seitensprünge (Göttin der Liebe (Österreich), One Touch of Venus)
1949: Geheimaktion Carlotta (The Bribe)
1949: Der Spieler (The Great Sinner)
1949: Verlorenes Spiel (East Side, West Side)
1951: Pandora und der fliegende Holländer (Pandora and the Flying Dutchman)
1951: My Forbidden Past
1951: Mississippi-Melodie (Show Boat)
1952: Mann gegen Mann (Lone Star)

1952: Schnee am Kilimandscharo (The Snows of Kilimanjaro)
1953: Verwegene Gegner (Ride, Vaquero!)
1953: Mogambo (Mogambo)
1953: Die Ritter der Tafelrunde (Knights of the Round Table)
1954: Die barfüßige Gräfin (The Barefoot Contessa)
1956: Knotenpunkt Bhowani (Bhowani Junction)
1957: Die kleine Hütte (The Little Hut)
1957: Zwischen Madrid und Paris (The Sun Also Rises)
1958: Die nackte Maja (The Naked Maja)
1959: Das letzte Ufer (On the Beach)
1959: Glut (The Angel Wore Red)
1962: 55 Tage in Peking (55 Days at Peking)
1963: Sieben Tage im Mai (Seven Days in May)
1963: Die Nacht des Leguan (The Night of the Iguana)
1965: Die Bibel (The Bible)
1968: Mayerling
1970: Tam-Lin
1972: Das war Roy Bean (The Life and Times of Judge Roy Bean)
1974: Erdbeben (Earthquake)
1975: Der blaue Vogel (The Blue Bird)
1975: Vollmacht zum Mord (Permission to Kill)

1976: Treffpunkt Todesbrücke (Cassandra Crossing)
1977: Hexensabbat (The Sentinel)
1979: Stadt in Flammen (City on Fire)
1980: Die Entführung des Präsidenten (The
Kidnapping of the President)
1982: Regina (Regina Roma)
1984: Anno Domini (A.D.)
1986: Rebell der Wüste (Harem, Fernsehfilm)
1986. Maggie (Fernsehfilm)

Quelle: Wikipedia und Internet Movie Database

Zitate von Ava Gardner

Alles, was ich aus meinen ganzen Ehen mitnehmen konnte, waren die zwei Jahre, in denen Artie Shaw die Couch beim Psychologen finanziert hat.

Hollywood ist das Übungslager für (das Scheidungsparadies) Reno.

Ich folge nur einer Regel beim Schauspielen: Vertraue dem Regisseur und gib ihm Dein Herz und Deine Seele.

Ich wünschte, ich könnte 150 Jahre alt werden – aber sterben will ich mit einer Zigarette in der rechten und einem Drink in der linken Hand.

Zensoren behalten die besten Stellen für sich.

Literatur

FEMBIO Frauen-Biographie-Forschung
http://www.fembio.org
INTERNET MOVIE DATABASE
(Film-Datenbank)
www.imdb.com
JOHN, Daniel: Ava Gardner. Ihre Filme – ihr Leben,
München 1987
PROBST, Ernst: Superfrauen 7 – Film und Theater,
Mainz-Kostheim 2001
PUBLIKUMSLIEBLINGE NICHT NUR VON
GESTERN
http://www.steffi-line.de
WIKIPEDIA (Online-Lexikon)
http://wikipedia.org
WINNERT, Derek (Herausgeber): Ava Gardner. Aus:
Kino. Die große Welt der Filme und Stars, S. 93,
Niedernhausen 1995

Bildquellen

Klaus Benz, Fotograf, Mainz-Laubenheim: 34
Library of Congress, Prints and Photographs Division, Washington: 18
Library of Congress, Prints and Photographs Division, William P. Gottlieb Collection, Washington (Foto des amerikanischen Fotografen William P. Gottlieb, 1917–2006): 20
Metro-Goldwyn-Mayer (MGM): 16 (Publicity still released by MGM)
Reproduktion eines Fotos eines Beamten oder Angestellten einer US-amerikanischen Regierungsbehörde: 12
Reproduktion eines Fotos eines Mitarbeiters der Streitkräfte oder des Verteidigungsministeriums der Vereinigten Staaten während eines Interviews für ein Programm des „Armed Forces Radio Services for broadcast": 21
Reproduktion eines Gemäldes des amerikanischen Malers John Everett Millais, 1829–1896): 14
Mzopw: 10 (via Wikimedia Commons): Lizenz: gemeinfrei
Eiga no Tomo (Foto vom Dezember 1953): 1

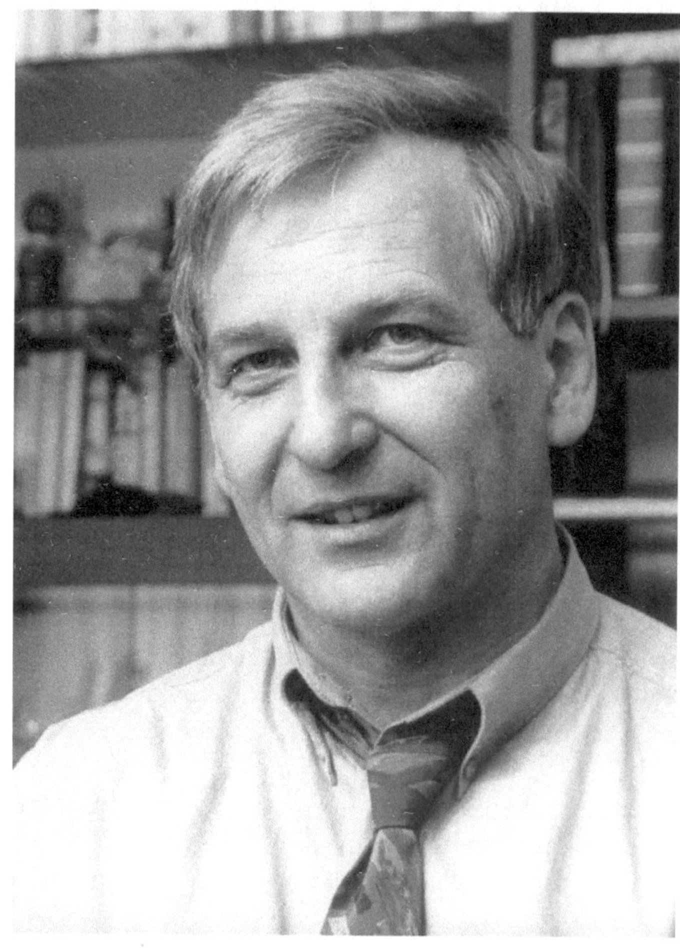

Autor Ernst Probst

Der Autor Ernst Probst

Ernst Probst, geboren am 20. Januar 1946 in Neunburg vorm Wald im bayerischen Regierungsbezirk Oberpfalz, ist Journalist und Wissenschaftsautor. Er arbeitete von 1968 bis 1971 als Redakteur bei den „Nürnberger Nachrichten", von 1971 bis 1973 in der Zentralredaktion des „Ring Nordbayerischer Tageszeitungen" in Bayreuth und von 1973 bis 2001 bei der „Allgemeinen Zeitung", Mainz. In seiner Freizeit schrieb er Artikel für die „Frankfurter Allgemeine Zeitung", „Süddeutsche Zeitung", „Die Welt", „Frankfurter Rundschau", „Neue Zürcher Zeitung", „Tages-Anzeiger", Zürich, „Salzburger Nachrichten", „Die Zeit", „Rheinischer Merkur", „Deutsches Allgemeines Sonntagsblatt", „bild der wissenschaft", „kosmos", „Deutsche Presse-Agentur" (dpa), „Associated Press" (AP) und den „Deutschen Forschungsdienst" (df). Aus seiner Feder stammen die Bücher „Deutschland in der Urzeit" (1986), „Deutschland in der Steinzeit" (1991), „Rekorde der Urzeit" (1992), „Dinosaurier in Deutschland" (1993 zusammen mit Raymund Windolf) und „Deutschland in der Bronzezeit" (1996). Von 2001 bis 2006 betätigte sich Ernst Probst als Buchverleger sowie zeitweise als internationaler Fossilienhändler und Antiquitätenhändler. Insgesamt veröffentlichte er rund 200 Bücher, Taschenbücher, Broschüren und E-Books.

Bücher von Ernst Probst

(Auswahl)

Als Mainz noch nicht am Rhein lag

Annie Oakley
Die Meisterschützin des Wilden Westens

Archaeopteryx. Der Urvogel
aus Bayern

Christl-Marie Schultes. Die erste Fliegerin in Bayern
(zusammen mit Theo Lederer)

Cortés und Malinche. Der spanische Eroberer
und seine indianische Geliebte

Der Europäische Jaguar

Der Mosbacher Löwe
Die riesige Raubkatze aus Wiesbaden

Der Rhein-Elefant
Das Schreckenstier von Eppelsheim

Die nordische Bronzezeit in Deutschland

Die Hügelgräber-Kultur in Deutschland

Die ältere Bronzezeit in Nordrhein-Westfalen

Die Bronzezeit in der Lüneburger Heide

Die Stader Gruppe in der Bronzezeit

Die Oldenburg-emsländische Gruppe

Die Urnenfelder-Kultur in Deutschland

Die ältere Niederrheinische Grabhügel-Kultur

Die Unstrut-Gruppe

Die Helmsdorfer Gruppe

Die Saalemündungs-Gruppe

Die Lausitzer Kultur in Deutschland

Die Dolchzahnkatze Megantereon

Die Dolchzahnkatze Smilodon

Die Säbelzahnkatze Homotherium

Die Säbelzahnkatze Machairodus

Die Schweiz in der Frühbronzezeit

Die Rhône-Kultur in der Westschweiz

Die Arbon-Kultur in der Schweiz

Die Schweiz in der Mittelbronzezeit

Die Schweiz in der Spätbronzezeit

Dinosaurier von A bis K. Von Abelisaurus
bis zu Kritosaurus

Dinosaurier von L bis Z. Von Labocania
bis zu Zupaysaurus

Eiszeitliche Geparde in Deutschland

Eiszeitliche Leoparden in Deutschland

Frauen im Weltall

Hildegard von Bingen. Die deutsche Prophetin

Höhlenlöwen. Raubkatzen
im Eiszeitalter

Julchen Blasius
Die Räuberbraut des Schinderhannes

Katharina II. die Große.
Die Deutsche auf dem Zarenthron

Johann Jakob Kaup
Der große Naturforscher aus Darmstadt

Königinnen der Lüfte in Deutschland

Königinnen der Lüfte in Europa

Königinnen der Lüfte in Amerika

Königinnen der Lüfte von A bis Z

Rund 70 Kurzbiografien berühmter Fliegerinnen,
Ballonfahrerinnen, Luftschifferinnen, Fallschirm-
springerinnen, Astronautinnen und Kosmonautinnen

Königinnen des Films

Königinnen des Tanzes

Königinnen des Theaters

Malende Superfrauen
Meine Worte sind wie die Sterne

Die Entstehung der Rede des Häuptlings Seattle
(zusammen mit Sonja Probst)

Monstern auf der Spur
Wie die Sagen über Drachen, Riesen
und Einhörner entstanden

Neues vom Ur-Rhein
Interview mit dem Geologen und Paläontologen
Dr. Jens Sommer

Österreich in der Frühbronzezeit

Österreich in der Mittelbronzezeit

Österreich in der Spätbronzezeit

Pompadour und Dubarry. Die Mätressen
von Louis XV.

Raub-Dinosaurier von A bis Z.
Mit Zeichnungen von Dmitry Bogdanav
und Nobu Tamura

Superfrauen 8 – Literatur

Superfrauen 9 – Malerei und Fotografie

Superfrauen 10 – Musik und Tanz

Superfrauen 11 – Feminismus und Familie

Superfrauen 12 – Sport

Superfrauen 13 – Mode und Kosmetik

Superfrauen 14 – Medien und Astrologie

Tony und Bruno Werntgen. Zwei Leben für die Luftfahrt
(zusammen mit Paul Wirtz)

Was ist ein Menhir?
Interview mit dem Mainzer Archäologen
Dr. Detert Zylmann

Weisheiten der Indianer

Wer ist der kleinste Dinosaurier?
Interviews mit dem Wissenschaftsautor Ernst Probst

Wer war der Stammvater der Insekten?
Interview mit dem Stuttgarter Biologen
und Paläontologen Dr. Günther Bechly

Zenobia von Palmyra.
Eine Frau kämpft gegen die Römer

Bestellungen bei: http://www.grin.com